HARANGVE FVNEBRE.

Sur la mort de Tres-illuſtre Seigneur
Meſſire Nicolas de Verdun, Cheualier, Conſeiller du Roy en ſes
Conſeils d'Eſtat & Priué, & premier Preſident en ſa Cour de Parlement de Paris.

*Prononcee deuant ledit Parlement dans l'E-
gliſe des Iacobins reformez de la Congregation Occitaine, au fauxbourg S. Ho-
noré, Par vn Religieux du
meſme Conuent, le 27.
de Mars 1627.*

A PARIS,

Chez GERVAIS ALLIOT, au Palais, proche
la Chappelle S. Michel.

M. DC. XXVII.

ABSTVLIT DOMINVS omnes magnificos meos de medio mei vocauit aduersum me tem-pus, idcirco ego plorans & oculus meus deducens a-quas. Thren. 1.

Auure France ! te verrons nous tousiours empressee dans les funerailles, reue-stuë de deuil & pleine de lar-mes, sacrifier à la douleur, pour la cheute des principalles colom-nes de la felicité? Faut-il que la mort triomphe si souuent de ta gloire, & por-tant par terre les plus chers appuis de ton bon-heur, enseuelisse dãs les plain-tes tant de splendeur dont tu parois si brillante aux iours de tes ioyes & con-

Threnorū 4.

tentemens? *Quomodo obtexit caligine Dominus filiam Sion?* où est le Soleil de cette magnifique Cour? & comment s'est peu faire que cette Françoise Sion ait trouué son lustre offusqué par les tenebres de la mort? *obliuioni tradidit Dominus in Sion festiuitatem & sabbatum;* Il n'est plus temps de rire, tes festes sont changées en iours de douleur, le son melodieux de tes luts en gemissemens, & celuy de tes orgues en des voix qui nous rendent semblables à ceux qui se plaignēt. Tous les siecles passez ont eu dequoy se plaindre (dit Seneque) tous ceux qui viendront apres auront dequoy se douloir (adiouste vn autre) & toy en vn mesme siecle & pendant vn mesme aage tu as beaucoup de choses à pleurer, & plusieurs personnes à regretter qui se trouuent à dire au nombre de ceux qui gouuernent la Republique: Hé! que tu as bien raison de dire, que Dieu courroucé contre toy a retiré du milieu de ton corps les plus magnifiques personnages, qu'il t'a donné pour ennemy vn temps vieillissant & ruinant tout, qui par vne suitte de maux dont il entreprend de trauerser ton contentement,

Versa est in luctum cythara mea & organū meū in vocem flentium. Iob. 30. Omnem ætatem de moribus suis questam, ait Seneca, ad loc ego omnem habuisse quod quæreretur habituramq; omnem quod quaratur. Franc. Petr. de re. s. dial. 115.

apres la perte de tant d'autres grands
esprits , a rafraischy tes playes en la
mort de tres-illustre Seigneur Messire
Nicolas de Verdun, Cheualier, Con-
seiller du Roy en ses Conseils d'Estat &
Priué, & Premier President en sa Cour
de Parlement de Paris.

Importune necessité qui semble commander & à toy de t'affliger, & à moy de
faire parler mes yeux auec ma bouche
au discours que i'ay à faire de ses vertus:
chose pourtant aussi difficile comme de
seruir à deux maistres ; & de fait vne
guerre intestine & vn combat de deux
sentimens contraires s'esleue en mon esprit qui le met en vn empressement ex-
traordinaire. Pleurer la mort de Monseigneur de Verdun, c'est ignorer l'immortalité que ses vertus luy ont acquises; & ne la pleurer pas, c'est trahir l'affection que nous auons tousiours eu
pour luy. Le pleurer seroit estre ingrat à
l'endroit de la diuine prouidence qui a
couronné sa vie d'vne tres-sage & tres-
prudente vieillesse, & ne le pleurer pas
seroit estre insensible. Les objects exte-
rieurs qui se presentent à mes yeux ac-
croissent la difficulté que i'ay de me re-

Crudelis ubi-
que luctus, ubi-
que pauor. &
plurima mor-
tis imago. 2.
Æn.

soudre. Ces lumieres qui semblent pre-
supposer que le Soleil se soit caché: Cét
autel, ces illustres personnages, ces murailles reuestuës de la couleur des tenebres, & portans par tout l'image de la
mort m'inuitent aux larmes. Mais cette
auguste assemblée, que ie peux dire la
plus belle de l'Vniuers, Cette grand'
Cour, où naissent les demy-Dieux, Cette nourrice des beaux esprits, Cette
source d'hommes capables de gouuer-
ner des mondes, m'inuitent aux loüanges, aux applaudissemens & aux conso-
lations. Quelle apparence pourtant
de se consoler si tost d'vne si grāde perte? Mais quelle apparence de ne se consoler point à la veuë d'vne si belle espe-
rance de la recouurer? Vis ie jamais vn
deuil si noir? Mais vis-ie jamais vne as-
semblee si splendide? Vis-ie jamais tant
de pleurs? Mais vis-ie jamais tant de cô-
stāce à ne s'affliger de rien? Vis-ie jamais
vn si grand object de tristesse? Mais en
vis-ie jamais vn de si grande admiratiõ?
Vis-ie iamais vne si deplorable mort?
Mais vis ie jamais vne si belle vie? I fie-
ge de la vie c'est le cœur, & voicy le cœur
de France, le Ciel de ses plus parfaicts
mouuemens, & la vie de la Republique

Françoise. Ie ſçay bien (Meſſieurs) que dans vos eſprits meſme *compugnant mœroribus gaudia , talem reminiſci du'ce eſt, tali carere ſupplicium*: ce ſont auſſi les deux ſujets qui m'agitent , les loüanges de ſes belles vertus me tirent du coſté de la conſolation, & la perte commune de tous me retire en celuy des ſouſpirs. C'eſt pourquoy vous aurez d'autāt plus de ſujet d'excuſer les defauts de ce diſcours que mon eſprit eſt contrainct de receuoir de deux maiſtres ennemis, deux loix toutes contraires. Il eſt vray que ie ne me peux empeſcher de me tirer du coſté de la vie: ceux qui aymerõt mieux s'abandonner à la douleur , tirant de ce que ie diray à la loüange du deffunt, vne plus grande cognoiſſance de leur perte , en prendront vn plus grand ſubjet de leurs iuſtes plaintes. Et ceux qui ſe mettront du coſté de la conſolation pour les actions heroïques que ie ſuis reſolu d'exalter, pluſtoſt que de m'arreſter aux larmes, auront prou de ſubjet d'eſtre contens. Cruelle mort! tu ne verras donc point de mes larmes pour ce coup , & quoy qu'elles ſoient toutes preſtes à ſortir pour la douleur que tu m'as cauſee, elles ſont neant-moins retenuës par tant de merueilles qui me conſolēt. Et certes i'aurois peur de faire de mes Auditeurs mes Iuges, ſi ie vous ſeruois des larmes, & ſi parmy des actions ſi genereuſes & ſi maſles, ie meſlois vne choſe ſi feminine. Ciceron diſoit que ce luy ſeroit choſe meſſeante de parler pour le courageux Milon auec crainte, & moy i'aurois trop de tort ſi ie diſois de ſi belles choſes en pleurant. Ie diray donc que la vie eſt demeurée maiſtreſſe de la mort, & qu'encore que ce ſquelette deſcharné, cette carcaſſe d'os rangez, aye comme les vaches maigres de Pharaon deuoré les graſſes & pleines de vie, neantmoins carnaciere qu'elle eſt, elle ne s'eſt priſe qu'à la chair, & vous verrez que dans la perſonne du deffunct, il y auoit vne vie qui n'a peu eſtre touchée par la mort, & qui luy a acquis vne telle immortalité, que i'eſpere que vos eſprits en ſeront les ſepulchres viuans, & que ſes loüanges vous ſeront d'autant moins ſuſpectes qu'elles auront de la correſpondance à vos merites, & que vous trouuerez la pluſpart des voſtres parmy les ſiennes.

Toutes

Toutes les choses imaginables sont rapportees par les Theologiens à l'vne de ces trois mesures, à l'eternité, à l'æuiternité, ou au temps. L'eternité est la possession d'vne vie qui dans l'assemblage de tout ce qui est essentiellement parfait, n'a ny cõmencement ny fin, & n'est sujette ny en soy, ny ses operatiõs à vicissitude, succession, ny changement quelconque. Il n'appartient qu'à Dieu d'estre eternel, & de tous ses attributs, il n'y en a pas vn qui exprime mieux sa grãdeur, ou plustost qui nous estõne dauãtage que son eternité. Dire qu'il est eternel, c'est dire qu'il n'est ny vieil ny ieune, la difference des aages ne le rẽd ny plus ny moins sage, il possede d'vn coup tout ce qu'il a, rien n'y va par suitte, rien ne s'y accroist par longueur, rien ne s'y affermit par habitude, tout luy est essentiellemẽt attaché: & comme il ne profite rien en continuant d'estre, aussi ne sçauroit-il rien perdre demeurant tousiours en vn mesme estat. Et afin que nous ne nous imaginions point en luy des perfections diuisees. S. Augustin dit tres-bien que Dieu est tout œil, parce qu'il voit tout, toute

Æternitas est interminabilis vitæ tota simul & perfecta possessio.

Æterna autem substantia cum eadẽ semper & immobilis perseueret, neque senior seipsa sit vnquam neque iunior. Plato. in timæo.

Deus totus oculus est, quia omnia videt: totus manus est quia omnia operatur t...

main, parce qu'il fait tout, & tout pied parce qu'il est par tout. Il ne faut pas distinguer en luy l'œil des pieds, ny la reste des mains, il ne le faut pas mettre premierement au Ciel, & puis apres en terre, il est tout en mesme temps, il est par tout en mesme temps · mais plus tost il est tout & par tout sans temps

ibi nihil est praeteritum quasi iam non sit, nihil futurum, quasi nondum sit, sed non est ibi nisi est. Non est ibi, fuit, nec erit, quia quod fuit iam non est, & quod erit nondum est, sed quidquid ibi est non nisi est.

Que cest estat est heureux où il n'y a point de souuenir du passé, ny d'apprehension du futur, que ceste gloire est solide où tout est vniforme, sans changement, tout arresté sans vicissitude, si parfait qu'il ne peut rien gagner en auançant, si grand qu'il ne peut croistre, si plein qu'il ne peut plus rien contenir, si puissant qu'il ne peut plus se fortifier, & si ferme qu'il n'a aucune crainte de reculer ny rien perdre.

L'æuiternité seconde mesure est pour les substances spirituelles, elle est plus que le temps & moins que l'eternité. Il y a, dit nostre Docteur Angelique, certaines choses creées qui reculent

moins de l'eternité en ce qu'elles ne re-
çoiuent aucun changement en leur nature, elles ont neantmoins vne espece
de succession ou transmutabilité atta-
chée à leurs operations. De ceste sorte
sont les Anges qui sont bien moins que
Dieu, en ce qu'ils ont vn commence-
ment, & beaucoup plus que les choses
d'icy bas, en ce qu'ils n'ont point de fin.

Le temps, qui est la troisiesme mesure
est pour toutes les substances corporel-
les, tout ce qui est sous le Ciel roule
sous les differēces du passé, du present,
& de l'aduenir, & se void tellement de-
terminé à ses loix, que comme le temps
n'est constant qu'en son inconstance,
ny permanent qu'en sa volubilité, aussi
les choses qui luy sont sujettes ne peu-
uent se promettre vn estat de cōsisten-
ce, ains faut qu'elles reglēt leur cadēce
au bransle du changement qui leur est
prescrit. Il n'est pas tousiours l'hyuer
aussi n'est il pas tousiours l'esté, le prim-
temps veut entrer au rang des saisons
aussi bien que l'automne, en sorte qu'elles ne sont iamais ensemble, ains s'en-
tresuiuēt cōme les minurtes qui sont les
heures, les heures qui sont les iours, les

que adolescēs
neque senex.
Basil. ho. in
Psal. 44.

B ij

iours qui font les mois, & les mois qui
font les années. De là vient qu'il y a tēps
de rire & temps de pleurer, temps de
trauailler & de se reposer, temps de viure & tēps de mourir. Temps bien dif-
ferent des deux premieres mesures, en
ce que l'eternité possede tout ce qu'elle a en vn continuel momēt, l'æuiternité ne reçoit aucune successiõ, au moins
quant à la substance des choses qu'elle mesure, & le temps nous amene tant
de changemens, mesme en nostre substance que nous ne possedons rien
de nostre vie que des momens imper-
ceptibles, & pouuons bien dire que
tous les iours il meurt quelque chose
chez nous. Quand nous sommes en l'a-
dolescence l'enfance est morte, quand
nous sommes en la ieunesse l'adolescē-
ce est morte, quand nous sommes en-
l'aage viril la ieunesse est morte, &
quãd nous mourons vieux, ce n'est que
la viellesse qui meurt, il y auoit desia
long temps que les autres differences
de l'aage estoient trespassez. Il n'appartient qu'à Dieu de dire *nunc & semper*
pour nous, nous n'auons qu'vn misera-
ble *nunc*, encore est il si peu conceuable

que S. Vincent Ferrier grand Predica-
teur de noſtre ordre, dit qu'entre viure
& mourir il n'y a que la meſme differē-
ce qui eſt entre mourir & eſtre mort, &
qu'ēcore que nous ne ſoyōs pas morts,
il eſt touſiours vray de dire que nous
mourons quand nous defiſtons d'eſtre
ioyeux pour eſtre triſtes, & que nous
eſprouuons que le trauail & le repos, le
le bien & le mal s'emparent alternati-
uement de nos pauures cœurs, nous
pouuous bien iuger que ces contraires
qui ne ſont chez nous que quelquefois,
comme ils ſont finis viendront en fin a
n'y eſtre plus tout a fait, & nous ame-
neront la mort qui nous determinera
ou à vn bien qui ne ſera ſuiuy d'aucun
mal, ou à vn mal qui ne ſera ſuiuy d'aucun bien.

Et c'eſt ce temps que Dieu appelle
contre nous, quand il marque le mo-
ment où ſe doit terminer noſtre vie, *vocauit aduerſum me tempus.* Temps d'autant plus traiſtre qu'eſtant celuy qui
nous apporte la vie, c'eſt celuy qui
nous porte à la mort, & pour cela Dieu
nous a voulu aſſuiettir à ceſte meſure
pleine d'inconſtance, pour nous apprē-

Thareno-
rum. I.

B iij

dre à rouler nos iours auec tant de soin,
pendant le temps qui roule tant de va-
rietez sur nos testes, que nous meritions
de paruenir à ses autres mesures plus
parfaictes, asçauoir l'eternité & l'æuiternité : celuy la mesure nostre course,
& celles-cy sont le terme ou nous pre-
tendons d'arriuer. *Sic currite vt compre-*
hēdatis. C'est icy où les hommes se peu-
uēt rēdre dignes d'immortelles loüanges, & où ie vous veux montrer que nostre deffunt a si bien fait dans la course du temps, qu'il a merité d'atteindre
au but de l'æuiternité par le merite de
sa magistrature, & de l'eternité, par celuy de sa pieté, Ie luy feray dire ces parolles d'vn Roy, *sine iniquitate cucurri &*
direxi, exurge in occursum meum & vide, où
ie prēds ce mot d'iniquité, en tant qu'il
est opposé à l'equité, & comme ie pre-
tends le loüer principallement de la
droicture qu'il a tousiours obserué en
l'administration de la Iustice, n'ayant
iamais forligné de la voye de l'equité,
ie peux dire qu'en ceste course du
maniement des affaires publiques, il a
esté sans iniquité.

Il est sorty d'vne tres illustre famille

& honorée d'vne des plus belles charges du Royaume, son Pere s'appelloit
Messire Nicolas de Verdun, estoit Cō-
seiller du Roy en son Conseil d'Estat, &
intendant de ses sinãces. Sa Mere estoit
de la maison des Messieurs d'Aubepine,
sœur de feu Monsieur de Verderonne,
maison assez cogneuë pour seruir à
l'honneur de nostre deffunct, duquel
la naissance est d'autant plus remar-
quable, qu'elle n'a point apporté d'em-
peschement au merite de sa vertu. Son
Pere administroit tout seul les finances
du Royaume, auec tant de prudence
qu'il en a merité le nom d'Intendant
sans reproche, & la pauureté en laquelle
il est mort est vn tesmoignage irrefra-
gable que rien ne se pouuoit adiouster
à la fidelité dont il seruoit le Roy. Or
ceste pauureté paternelle me donne vn
beau suiet d'exalter ceste naissance, cōme la plus conforme qui se puisse ima-
giner, à ce que requeroit la perfection
de l'hōneur qu'il a merité, par les actiōs
de sa vie. La vertu est bien souuent ca-
chée dans les richesses, ou bien les richesses tiennēt lieu de vertu, & passent
pour chose digne de gloire deuant les

yeux d'vne populace qui ne sçait admirer que ceux qui ont la teste d'or. Vn apprétif d'vn Peintre ancien voyãt que son maistre estoit fort empesché à despeindre la beauté d'Heleine, ne croyãt pas qu'il en deust venir à bout, s'en alla prendre vne toille & ne mit autre chose dessus que de l'or, sans tirer aucun autre lineament, puis l'alla monstrer à Appelles, disant que par là, il vouloit representer la beauté d'Heleine, auquel Appelles en sousriant respondit *pulchram facere non potuisti, diuitem fecisti,* ne la pouuant faire belle, vous l'auez fait riche, cõme si les richesses deuoient contenir eminemment toutes les autres perfections, & cependant le vieux prouerbe dit que *in nudo diues virtus,* la vertu n'est iamais ny si belle ny si riche que quand elle est chez vn homme nud ; quoy que le vulgaire en face vn autre iugement.

Les Magistrats doiuent prendre soin d'acquerir du respect dans l'esprit du peuple, & de la gloire en la posterité. La gloire ne s'acquiert que par la vertu, & le peuple ne respecte volontiers que la Noblesse, Amasis Roy d'Egypte estoit

estoit meprisé par ses propres sujets,
pour la bassesse de la condition dont il
estoit sorty pour venir au Sceptre,
quoy qu'il les ait voulu coriger, leur fai-
sant adorer vn Idole qu'il auoit fait faire du bassin dont il auoit accoustumé
de se lauer les pieds. Voyez nostre
Seigneur mesme comme il est peu res-
pecté ? *nonne hic est fabri filius* ? La noblesse de nostre deffunct l'a exempté
de ce danger, & la pauureté de ses pa-
rens luy a donné suject de faire paroistre qu'il ne doit qu'à sa vertu la
gloire de tant de belles charges qu'il a
merité d'exercer. On peut dire de beaucoup qu'ils n'ot que la gloire qu'ils ont
trouuée sur leur teste en naissant, encore y en a-il plusieurs qui ne sçauent pas
conseruer celle que leurs ancestres leur
ont acquise : mais nostre deffunt n'est
redeuable qu'à soy mesme, & n'ayant
eu par heritage que la gloire de la pauureté qu'il a conseruée, celle qu'il a merité en sa Magistrature n'est deuë qu'à
ses trauaux & à son courage. Il portoit comme Alexandre le grand les
loix de la gloire grauée dans son cœur,
aussi a-il pris vn essor qui eut mis en

defaut vne ame moins genereuſe. Ciceron diſoit que faire paruenir vñ homme aux charges ſans argēt, c'eſtoit faire voller vn oyſeau ſans aiſles, combiē eſt dõc genereuſe l'entrepriſe de noſtre Cheuallier, qui ſãs l'ayde des richeſſes a biē eu aſſez de cœur pour paruenir à la premiere des charges de ceſte auguſte Cour? Ie m'imagine qu'il euſt eſté faſché que ſon pere lui en eut acquis, & euſt pleuré, s'il ne luy euſt laiſſé dequoy faire paroiſtre ſa generoſité, auſſi eſt-il vray que la gloire des charges conſiſte à les acquerir par vertu, non à les poſſeder par heritage.

Or comme les ſciences ſont les plus ſolides baſes, & les plus eſleuez marche-pieds qui puiſſent nous faire deuenir grands, il les alla chercher en leur ſource, & choiſit entre toutes, de s'adonner à la Iuriſprudence, laquelle ie peux dire eſtre la plus belle & la plus ancienne de toutes les ſciences humaines. Il ne faut chercher ſon origine plus bas qu'au Paradis terreſtre, on y a donné des loix, elles y ont eſté tranſgreſſées, voyla les interrogatoires, Adam, *vbi es?* Adam reiette ſon peché

Bartholo-maeus caſſanaus in cathalogo gloria mundi parte decima c unſ. 29

fur fa femme, la femme replique que
c'eſt le ſerpent qui l'a trompée. La ſentence de Dieu interuient la deſſus qui Pſal. 88.
les condamne tous trois. *Veritas de ter-*
ra orta eſt, & iuſtitia de cœlo proſpexit.

Le premier Parlement fut eſtably du
temps de Moyſe par le commãdement
de Dieu, & de l'aduis des hommes dans
l'Exode 28. & de luy ont appris à faire
des loix, tous les Legiſlateurs qui luy
ont ſuccedé comme Foronæus, qui en
a donné aux Grecs, Mercurius aux
Ægyptiens, Solon aux Atheniẽs, Lycur-
gus aux Lacedemoniens, Romulus ou
Numa Pompilius aux Romains, & tant
d'autres qui n'ont eſté en cela que les
ſinges de Moyſe qui a appris de Dieu à
faire des loix, Platon diſoit que les autres ſciences auoiẽt eſté apportées par
Promethée : mais que les ſeules loix
venoiẽt de Dieu par le moyen de Mer-
cure. Seroit-ce bien pour cela que nous
autres Chreſtiens appellons auec la
Saincte Eſcriture noſtre ſeigneur
Ieſus-Chriſt, *Angelum magni conſilij*, comme ſi on vouloit dire que du Conſeil
priué de la ſaincte Trinité, il nous a apporté les amoureuſes ordonnances de

la nouuelle loy dont nous iouyssons maintenant? Que si la Iurisprudence est louable en son origine, elle ne l'est pas moins en ses effects, c'est elle qui nous fait viure en paix, & en vn mot, c'est elle qui nous fait gens de bien en nous deffendant le mal qu'elle punit rigoureusement: Les anciens appelloient les loix l'ame de la ville, i'auois donc raison d'appeller tantost ces seigneurs la vie de la France, pour me consoler parmy tant d'images de mort. Vn Nauire cingleroit pluſtoſt sans faire naufrage en pleine mer, qu'vne ville ne demeureroit deſtituée de loix, sans eſtre bien toſt accablée de ses propres ruynes. Ciceron dit que *nihil in ciuitate diligentius retinendum eſt quam ius ciuile, quo ſublato exploratum eſſe nemini poteſt quid ſuum quid alienū.* Et S. Auguſtin *quid enim ſunt regna niſi latrocinia, remota iuſtitia?* L'exercice de la Iuſtice eſt ſi fort eſtimé dans la Saincte eſcriture, qu'on recommande aux hommes de l'entreprendre iuſqu'à l'agonie, *pro iuſtitia agonizare pro anima tua & vſque ad mortem certa pro iuſtitia.*

La beauté de ceſte ſcience tira à ſoy

Li. 4. de ciu. Dei.

Eccl. 4.

Ses eſtudes.

noſtre defunct, & y ayant eu pour maiſtre ce grand Iuriſcõſulte Cujas, il auoit
moins d'occaſion que luy, de dire de ſa
patrie, *optima mater*, *peſſima nutrix*, il ne
pouuoit auoir vn plus excellēt maiſtre,
& ſon maiſtre ne pouuoit ſouhaitter
vn meilleur Diſciple. Il le nourriſſoit,
non comme Chiron faiſoit Achille de
moüelle de Lyon, pour le rendre courageux, mais de la moüelle de la Iuriſprudence pour le rendre tel que nous
l'auõs recogneu, parfait en la cognoiſſance de ceſte ſcience. Non content de
ſes inſtructions, il s'adonna à l'eſtude
de la langue Grecque, & comme Alexandre diſoit que l'Iliade d'Homere
eſtoit le miroir d'vn bon Capitaine,
noſtre deffunt croyoit que la cognoiſſance des lettres Grecques adiouſtoit
merueilleuſement à la perfection d'vn
Magiſtrat, auſſi l'eloquēce Latine doit
elle tout ce qu'elle a de ſauoureux à
l'inuention des Grecs. La Grece a touſiours eſté eſtimée la mere des ſciences.
Platon rendoit graces aux Dieux de
ce qu'il eſtoit né à Athenes qui (pour
l'honneur des ſciences qui y floriſſoit)
eſtoit appellée *totius Græciæ oculus dexter:*

C'eſt là que S. Baſile s'eſt fait grand:
Là S. Gregoire de Nazianze s'eſt rendu capable d'operer tant de merueilles : Là S. Iean Chriſoſtome a appris à
faire croiſtre du miel dans ſa bouche
auec ſes parolles : & de là ont tiré les
Latins & les François, tout ce qu'ils
ont d'exquis pour mener les hommes
par les oreilles. Or eſtãt noſtre deffunt
ſi fort aduancé aux lettres, il ne ſe faut
pas eſtonner ſi les dignitez ſe preſente-
rent à luy pluſtoſt qu'il ne ſe preſenta
aux dignitez.

Homines ſi-
cut amphore
auribus cir-
cumferuntur
Plus.

Il fut premieroment Aduocat à la
Cour, c'eſt le premier degré pour mon-
ter où il eſt paruenu. Et Clement IIII.
eſt bien paſſé par ceſte porte pour aller au ſouuerain Pontificat. En cét
eſtat il playda aux grãds Iours de Cler-
mont, & fit augurer de ſa future ſuffi-
ſance au maniement des affaires publiques, comme Hercules fit preuoir ſa
valeur eſtouffant des ſerpens dés le
berçeau. Il fut depuis Conſeiller en
cette magnifique Cour, vn peu apres,
Preſident aux Requeſtes du Palais,
puis grand Preſident, d'où il fut tiré pour eſtre fait premier Preſident

Ses charges

On dit que
feu Mon-
ſieur le Pre-
ſidét de Har-
lay dit dés
lors qu'il
n'en reco-
gnoiſſoit
point de
plus digne
que luy de
ſucceder à
la charge.

au Parlement de Thoulouze. Il a é-
sté aussi Chancelier de Monseigneur
frere vnique du Roy, & est paruenu en
fin à ceste belle charge de premier President de ceste tres-Auguste Cour. Et
en toutes ces dignitez on remarque ie
ne sçay quel destin qui le portoit à estre
le premier par tout, chose que Iules
Cæsar ambitionnoit si fort qu'il eut
mieux aymé estre le premier en vn vil-
lage, que le second à Rome. Et à ceste
primauté ou Cæsar estoit porté par son
ambition, nostre deffunt est paruenu
par la conduitte & souueraine prouidence de celuy qui cognoissoit ses merites, comme en estant l'auteur.

Mais qui pourroit assez exagerer l'e-
quité, droicture, incorruptibilité, & autres vertus qu'il a fait paroistre en sa magistrature? si la Iustice ne pleure la perte d'vn si iuste administrateur, ce n'est
que parce qu'elle n'a point d'yeux. Il
auoit ce que requeroit Platon en vn
Iuge, la prudēce pour cognoistre (d'autant que si l'ignorance luy auoit poché
les yeux, ce prouerbe seroit veritable
quel'ignorance du Iuge est la misere de
l'innocent) la force pour ne point ce-

voce pecuniæ suffocantur, ubi nummus loquitur, Tulliani eloquij tuba raucescit, ubi nummus militat hectorea militia fulgura compescuntur, ubi pugnat pecunia virtus expugnatur Hercula, nummus vincit nummus regnat, nummus imperat universis.

Son incorruptibilité.

der aux menaces des grands. La temperance pour empescher que l'esprit n'émousse sa pointe dans les voluptez du corps, & la Iustice pour estre son ame. Ie peux dire de luy ce que sainct Hierosme disoit d'vn autre qu'il regardoit plustost le visage que les mains de ceux qui se presentoient pour luy demander Iustice, il estoit comme ces statuës de la ville de Thebes, ausquelles on auoit couppé les mains, pour representer que les Iuges ne doiuent sçauoir que c'est de prendre des presens. Il a tousiours esté fort recommandable pour ceste incorruptibilité, & pouuoit on bien dire de luy que ses yeux ne perdoiët rien de leur lumiere, quelque presēt qu'ō luy offrit pour les esbloüir, & estoient comme ceste lampe du temple de Venus en Arcadie, laquelle ne s'estaignoit iamais, quoy qu'elle fust perpetellement exposée aux vents & à la pluye. Il pouuoit dire ces paroles de Psal. 118, S. Ambroise, *feci iudicium & iustitiam, in iudicio non contempsi pauperem, non oppressi viduam, personam diuitis non recepi, in omnibus misericordiam reseruaui,* & ne faut pas que l'on croye que la rigueur dont

il

a chaſtié exemplairement tant de cri-
mes, ſoit contraire, ny face aucun tort
à ceſte miſericorde & douceur, dont il
accueilloit tout le mõde. D'autãt qu'au
gouuernemẽt d'vne republique, il faut
que la rigueur ait ſon tour auſſi biẽ que
la clemence, & le peuple eſt ſemblable
à ces mouches gueſpes qui meurent dãs
l'huyle, & reuiuent dans le vinaigre.
Et puis vn Iuge ne doit & ne peut faire
miſericorde qu'en rendant la Iuſtice,
& comme dit tres-bien Lactance, *Iudex
peccatis veniam dare non poteſt, quia volun-
tati deſeruit aliena.* Ainſi noſtre grand
Preſident regloit toutes ſes actions ſe-
lon les volontez du Roy. Auec quelle
ardeur recherchoit il les coniurations
qui ſe faiſoiẽt contre ſon ſeruice ? auec
quelle rigueur les puniſſoit il ? Quand
les Ægyptiẽs vouloiẽt ſignifier le prin-
cipal ſoin d'vn Magiſtrat, ils faiſoient
voir vn chien qui gardoit vne robbe de
pourpre, la regardant fixement, & em-
peſchant qu'on en approchaſt. Le Roy
n'a point de robbe plus pretieuſe que
la cõſeruation de ſon auctorité, & c'eſt
ce qui doit eſtre l'objet des plus preſ-
ſantes ſollicitudes d'vn Magiſtrat, &

D

ce qui rendoit noſtre deffunt ſi vigilãt, que les ſujets du Roy pouuoient bien dire pendant ſa vie, *virgam vigilantem ego video.* Sa Iuſtice en vouloit aux meſchans, comme l'iniuſtice en veut aux bons, auſſi Pytagoras auoit-il accouſtumé de dire que ne chaſtier point les mauuais, eſtoit par occaſion affliger les gens de bien. Il auoit ce que Democrite requeroit en vn Iuge *optimus* (dit il) *index eſſe indicatur qui cito intelligit & lente iudicat,* il eſtoit extraordinairemẽt prompt à conceuoir vne affaire, & fort conſideré à la iuger, & quand il condamnoit à quelque chaſtiment rigoureux, c'eſtoit pluſtoſt pour l'exemple, que pour la faute commiſe, *nemo* Refert Seneca lib. 2. de ira cap. 16. *prudens punit quia peccatum eſt* dit, Platon, *reuocari enim præterita non poſſunt.*

Sa prudẽce. Sa prudence paroiſſoit principalement au gouuernement du peuple : qui eſt pourtant bien plus difficile à conduire que ne ſeroient des grands eſprits, c'eſt vne beſte à cent teſtes, & bien ſouuent ſans teſte, qui ne ſçait ny commander Plut. en ſa vie. ny obeyr : & Phocion faiſoit ſi peu d'eſtat de ſon iugement, qu'ayant vn iour pronõcé vn aduis qui fut receu de tout

le peuple : il se tourna vers ses compa-
gnons, leur demandant s'il auoit point
dit quelque sottise. Nostre deffunt cô-
me vn Alcyon, a bien sceu se nicher sur
cette mer subiette à tant d'esmotions,
sans faire naufrage; & a sceu si bien mes-
nager les affections du peuple estant à
Thoulouze, qu'elles luy ont tousiours
esté acquises : aussi luy a il tousiours pro-
curé le bien & repos qu'il luy a esté pos-
sible par son courage & par ses larmes.
Par son courage, en ce qu'en l'absence
des gouuerneurs il assiegeoit & prenoit
les places, emprisonnoit les Seigneurs,
mesme qui oppressoient le peuple, &
faisoit bien voir qu'il sçauoit marier les
armes auec les loix : Mariage qui sem-
bloit auoir esté recommandé par Char-
lemagne qui ayant fait grauer son ca-
chet sur le pommeau de la garde de son
espée, scelloit tousiours ses ordonnances l'espée à la main : Et Frideric troisiesme auoit pour deuise vn liure ouuert sur
vne table, & dessus le liure vne main ar-
mée qui tenoit vne espée auec ces mots.
Hic regit ille tuetur.

Et par ses larmes en ce qu'il a souuent
harangué pour le bien du peuple | deuât

le feu Roy Henry le Grand, & deuan[t]
noſtre tres-iuſte Roy, auec des yeux qu[i]
par leurs pleurs teſmoignoient l'affection extreſme qu'il portoit au peuple[.]
Que ſi vn meneſtrier ou joueur de fluſte[,]
par vne chanſon lugubre, fit reuoque[r]
l'arreſt que l'Empereur Theodoſe, for[t]
impuiſſant d'ailleurs ſur ſes paſſions[,]
auoit rendu contre vne ville qu'il vouloit faire razer: Que ne deuoit gaigne[r]
ſur la clemence de noſtre Roy, qui n'a[?]
autre paſſion pour ſon peuple, qu'vne
grande affection de le maintenir, la
priere de ce venerable Preſident ac-
compagnée des larmes d'vne inexpri-
mable tendreſſe de cœur? Ah qu'il ſça-
uoit bien de quelles armes noſtre tres-
iuſte Roy vouloit eſtre combatu, s'il
euſt abordé vn eſprit rigoureux, peut-
eſtre euſt-il fait des remonſtrances pleines de fer: mais à vn Roy dont l'affectiõ
enuers ſes ſujets eſt toute paternelle, il
ne falloit que des larmes. Il a touſiours
obſerué cét aduertiſſement que Plutar-
que donne à tous les Magiſtrats ; Que
les grands doiuent plus craindre de faire du mal que d'en receuoir: Il ſouffroit
auec vne patience indicible tout ce qui

Lib. de do-
ctrina prin-
cipum.
Principem
magis oportet
timere ne
quid mali fa-
ciat quam ne
quid patiatur

se faisoit contre sa personne, pourueu
qu'il fit valoir l'integrité de la Iustice:
il ne se soucioit pas qu'il luy arriuast
pour son particulier. C'est l'ordinaire
qu'on remarque les plus petites actions
des grands, iusques là qu'on remarqua
que Pompée ne se grattoit la teste qu'a-
uec vn doigt. Ie me suis enquis de choses les plus particulieres de nostre deffunct, & n'ay sceu apprendre autre chose sinon qu'il estoit tousiours pressé, dõ-
nant si peu de temps à la conduitte de
ses propres affaires, qu'on eust dict qu'il
trouuoit les affaires publiques à son
foyer: de sorte que n'ayant des mouuemens que pour l'exercice public de sa
charge, il faisoit bien paroistre qu'il
auoit la Iustice pour ame.

Mais pourquoy s'arrester tant à la re-
cherche des choses qui peuuẽt iustifier
la gloire de sa Magistrature?n'est-ce pas
tout dire quand on dit qu'il estoit Premier President en cette grande Cour?
Celuy qui paruient là peut bien dire
qu'il a passé par l'eau & le feu de l'e-
stroit examen de tout ce qui est neces-
saire pour faire vn grand personnage.
L'ignorance a beau se desguiser, elle ne

D iij

ɹrouue point là d'entrée. Ceſt l'aſſemblée de laquelle parle le Roy Prophete,
quand il dit, *Deus ſtetit in Sinagoga Deo-*
rum in medio autem Deos dijudicat : Quoy
Meſſieurs, vous vous eſtónez de ce que
ie les appelle des Dieux; ne ſçauez vous
pas que la ſainĉte Eſcriture appelle ainſi les Iuges? au chapitre *glorioſus Deus in*
ſanĉtis ſuis: ils ſont appellez *luminoſa can-*
dele ardentes, *ſuper candelabrum poſita*, & en
tout plein de lieux du Code ils ſont appellez tres nobles, Anges, Prophetes,
& d'autres noms qui font comprendre
au peuple le reſpeĉt & l'honneur qu'il
doit aux Iuges & Magiſtrats, comme à
ceux qui luy procurȇt le bien & la paix
dans laquelle ils reſpirent.

Iuger eſt vne aĉtiõ royale, & n'y auoit
autresfois autre Iuge que les Roys meſmes: Les Iuges ont gouuerné deuant les
Roys, comme on voit en Samuël & ailleurs en la ſainĉte Eſcriture. Les Roys
ne ſemblent eſtre Roys que pour iuger:
d'où prit la hardieſſe cette pauure femme à qui l'Empereur Adrian refuſoit de
faire droiĉt, de luy dire tout haut *No-*
li igitur Imperare. Or comme la France a
touſiours eu les plus grands Roys, elle

les a touſiours eu les plus Iuſtes; ils ont commencé les premiers à ioindre la main de Iuſtice à leur ſceptre, & les Fran-çois ont touſiours eſté loüez d'obeïr promptement ; comme leurs Roys de commander doucement. Agarias dict de France cette ſentence, τὸ ὑπήκοον δίκαιον εἶναι τὸ δὲ ἄρχον εὐμενές. Et nos Roys ne pouuãt par eux meſme rendre la Iuſtice à tous leurs ſujets, ont eſtably ce grand Parlement, comme la ſource & le fonds de toutes les autres Iuſtices du Royaume, & ſemble qu'ils luy ayent donné leur main de Iuſtice. Depuis qu'il a eſté fait Sedentaire par Philippe le Bel, ceux qui ont l'hon-neur d'y auoir charge de Preſident ou Conſeiller, y tiennent la place des Princes, Barons, & Seigneurs, qui de toute antiquité eſtoïent aupres de la perſonne des Roys, lors que le Parle-ment n'eſtoit qu'ambulatoire. Et pour marque de ce, les Princes & Pairs de France y ont touſiours eu ſeãce & voix deliberatiue. C'eſt là où ont touſiours eſté verifiées les Loix & Ordonnances, Edicts, Traictez de Paix & autres impor-tantes affaires du Royaume. C'eſt le

lieu du trofne Royal, & le lict de la Iu-
ftice fouueraine du Roy. Ie m'impofe fi-
lence aux louanges de ce grand Parlement, pour laiffer parler vn Pape. C'eft
Clement V I I. lequel luy efcriuant en
Iuin l'an 1525. dit ces mots, tous pleins
de gloire pour cefte Augufte affemblée.
*Vos quorum fapientiæ & æquitatis nomen in
tota Gallia eximiū & vbique memorabile eft.*
Iugez maintenant du chef par la di-
gnité du corps (Meffieurs) & faifant
cas de vous mefme, eftimez & hōnorez
la memoire de feu Monfeigneur de
Verdun, qui a efté le premier entre vo⁹,
& pourtāt de belles actions qu'il a pra-
tiquées en fa Magiftrature, s'eft rendu
immortel en cefte grande Cour. Ce
qui me fait prendre confiance d'apprendre auec le refte de fes trophees
au Temple de memoire, ces quatre vers
qui font à l'imitation de ceux de Vir-
gile, pour Nifus & Orialus. Et qui d'vne
veine moins heureufe, mais d'vne plus
grande affection, & auec des aufpices
plus veritables, feruiront à faire viure
fes vertus dās l'euiternité.

Fortunate heros, fi quid pia facta valebunt
Nulla dies vnquam felici te eximet æuo,

Dum

Æneid. 9.
Fortunati
Omb. fiquid
mea carmina
poffunt.

Dum veneranda themis parlmenti immo-
bile Templum.

Accolet, & regnum Lodoici semen habebit.

Mais que luy seruiroit d'auoir en ceste
course du temps merité la gloire de l'œui-
ternité, s'il ne s'estoit acquis vne participation de l'æternité? Tout ceque i'ay dit
de luy iusqu'à present luy est commun
auec les Payés. On en peut autant dire de
Socrates, de Seneque, de Platon, & autres qui viuent æuiternellement dans la
posterité, *& laudantur vbi non sunt crucian-*
tur vbi sunt. Il y a vne chose qui faict que
les Chrestiens paruiennent, où ceux-là
n'ont peu arriuer, c'est la pieté. C'est la
base & le fondement des actions qui peu-
uent meriter l'Eternité, honorer Dieu
& l'Eglise, pratriquer les vertus, & fuyr
le vice pour l'amour de la vie eternelle.
C'est vn fondement & vn obiect qui n'e-
stoit pas chez les Payens, & par conse-
quent il n'y a point d'autre Eternité pour
eux que la mauuaise qui les tient en vne
perpetuelle priuation de la bonne. Il y a
ceste difference dit sainct Hierosme entre *Incpist. ad*
nous & les Payens pour la prattique des *rusticum.*
vertus que, *vitium vitio, peccatum peccato*
medicantur, nos amore virtutum vitia supe-

E

ramus. Or ceste pieté s'est trouuée merueilleusement reluisante en l'ame de nostre defunct. Pleust à Dieu qu'il fut icy
vray ce que disoit Iesus-Christ, *si tacuero
lapides clamabunt,* ie me tairois volontiers
pour laisser parler les pierres de ce Mo-
nastere qui sont autant de tesmoignages
qui creuent les yeux à quiconque vou-
droit nyer qu'il n'ayt esté extremement
pieux. Les Magistrats estans Chrestiens,
& seruiteurs de Dieu, ne se rendent iamais tant recommandables, que quand
ils sont pieux. Et doiuent tesmoigner leur
pieté, non seulement en honorant les
gens d'Eglise mais encore en les defen-
dant de leur auctorité contre ceux qui
veulent preiudicier à leur perfection. Iamais l'estat ne se porte mieux que quand
il est en bonne intelligence auec l'Eglise,
ce sont les deux bras d'vn Royaume tres-
chrestien, & Dieu se plaist tellement à ceste bonne intelligence, qu'il semble se
vanter parlant à Iob du bon accord qu'il
y a entre les Cieux, lesquels quoy qu'ils
soyent plusieurs & diuers (selon les Phi-
losophes) & qu'ils ayent des mouuemens
contraires, sont neantmoins tellement
d'accord parmy ceste difference, qu'ils

font vne harmonie que Dieu prend plaifir d'entendre, *concentum Cœli quis dormi-
re faciet?* Combien prend il plus de plaifir
de voir le Ciel de l'Eglife s'entendre bien
auec celuy de l'eftat, encores qu'ils ayent
diuers mouuemens, lefquels fe doibuent
pourtant terminer tous au feruice d'vn
Dieu, & à la conferuation de l'authorité
d'vn Roy. De tous les Empereurs il n'y
en a point eu de plus recommandable,
que le Grand Conftantin, & ne l'a
merité, qu'en employant fon authorité pour maintenir l'Eglife, fes
loüanges fe font trouuées dans la bouche, non feulement des Papes, mais en
general dans celles de tous ceux qui ont
cogneu vn Dieu & vn Iefus-Chrift Cru-
cifié, & dans les oreilles de tous les infi-
delles, les Martyrs le regrettoient en leurs
tourmens, & les Anges l'exaltoient dans
le Ciel, pendant qu'il trauailloit pour l'E-
glife en terre. Noftre defunct fembloit le
vouloir imiter en cefte ferueur d'affifter
l'Eglife, & de luy ayder au progrés qu'elle fait tous les iours en la perfection que
Dieu requiert d'elle, c'eft pourquoy entre
les Religions, il aymoit les plus refor-
mées. Il fçauoit que les Religieux qui gar-

E ij

dent exactement leurs regles, sont tous-
jours tres vtiles à l'Estat, tant par leur bon
exemple & doctrine, que par les prieres
qu'ils font nuict & iour, comme des Moy-
ses sur la montagne de la Religion, pour
la prosperité du Roy, & de tout le Royaume. Iamais on n'a eu occasion de se plaindre dans l'Estat des Religieux qui gardent
soygneusement leurs regles, elles leur
font de si belles leçons d'humilité qu'on
ne doit esperer d'eux que toute sorte de
soubmission & obeïssance, à tout ce qui
sera conforme au bien de la republique &
du seruice du Roy. Ils tiennent de Dieu
le commandement de l'honorer & de luy
obeïr, & ne perdent ce souuenir que
quand ils n'ont plus celuy de leurs statuts
& constitutions. Il s'estonnoit qu'on esti-
mast la reforme vne nouueauté, veu qu'elle porte les Religieux à viure comme on
faisoit du temps des Fondateurs, & qu'on
n'appellast point nouueauté vn desordre
qui ne se peut estre glissé (au moins pour
la derniere fois) dans les Religions, que
depuis quatre vingts ou cent ans. Il aymoit particulierement nostre Ordre, &
sans doute que la deuotion qu'il auoit à la
Vierge Sacrée, luy donnoit ceste inclina-

tiõ pour nous, qu'il sçauoit estre sous vne particuliere protectiõ de ceste tres digne Mere de Dieu. Il a merueilleusement cooperé par son authorité, à l'establissement ou plustost affermissement de ceste nostre reforme qu'on vouloit estouffer en sa naissance. Que si S. Bernard dit, que c'est vne malice d'Herode, & vne méchanceté Babilonienne, que de s'opposer au progrés & aduancement de la perfection Religieuse, qu'elle vertu aura ce esté en nostre Grand President de cooperer si feruemment aux intentions que Dieu fait paroistre qu'il a de voir toutes les Religions plus parfaitement reglees dans son Eglise? comme nous voyons que plusieurs s'y aduancent fort, & pouuons esperer que toutes se verront vnies en ceste perfection, tandis que Dieu suscitera dans l'esprit des Magistrats des inclinations pieuses qui les portent à seconder les bons Religieux au desir qu'ils ont d'apporter tousiours plus de splendeur & de repos à l'Estat par leur vertu & saincteté de vie. Peut-estre estimera-on que les loüanges que ie donne au defunct ne soient fondées que sur les faueurs que nous auons receu de luy, mais pensent &

difent les enuieux tout ce qu'ils voudrõt.

J'aime mieux endurer leurs calomnies auec patience, que taire les tefmoignages de pieté de noftre bien-facteur auec ingratitude. Ses loüanges font d'ailleurs affez approuuées elles font proferees par ma bouche mais elles font renduës veritables par fes propres actiós, & ie ne peux fans trahir & mon habit, & cefte Cómunauté, & la verité, ne le loüer point de tant de bien que nous auós reçeu de luy. Vous participez, Meffieurs, aux bien faict de noftre eftabliffement en cefte ville qui nous fut octroyé en vne telle fepmaine que celle où nous fommes. Ie vous fupplie auffi de prendre part aux loüanges que i'en donne à noftre deffunct pour les diligentes pourfuittes qu'il en a faite. Si comme à Rome on folemnifoit les Fontinelles qui occupoit les Romains à faire des Couronnes pour jetter dans les fontaines, & en enuironner les puits, on celebroit à Paris des Parlamentelles qui inuitaffent les François à remercier cefte grande Cour, des grands biés qui leur en reuiennét comme de la fource de leur repos & contentement : Cefte noftre Congregation occitaine reformee feroit la

Fontinalia varro. lib. 5. de ling. latina.

premiere à couronner vos portes , pour
dans la recognoiſſance de ce bien faiɕ
meriter par des vœux tous pleins d'affection, l'honneur de voſtre protection.
Les Religieux ne ſont iamais tant obli-
gés à perſonne qu'aux Magiſtrats qui leur
font le bien de les maintenir : C'eſt pourquoy nous ne pourrons iamais aſſez honorer la memoire du Deffunɕ pour ce
poinɕ : Outre que ſes autres actions de
pieté nous fourniſſent aſſez d'occaſion
d'exalter ſa vertu par toute la poſterité.
Combien de fois l'auons-nous veu parmy nos Religieux, meſmes auec les No-
uices, reciter les heures de la bieu-heu-
reuſe Vierge ? Combien de fois a-il demandé aux Religieux de la Sainɕteté
deſquels il auoit le plus d'opinion, qu'ils
luy donnaſſent leur benediction, iuſqu'à
l'extorquer par humilité & par prieres, comme fit Iacob celle de l'Ange qui
luittoit auec luy? Mais que diray-ie des
larmes qu'on luy a veu jetter auec vne indicible contrition, lors qu'il vint en ceſte
Egliſe pendant le Iubilé , s'abandonner
aux ferueurs d'vne ſainɕte penitence? Il
pouuoit bien dire auec le Roy Dauid,
Exitus aquarum deduxerunt oculi mei Là,

où sainct Hierosme remarque qu'vne autre versió porte, *diuisiones aquarum*. Vous
luy auez veu tantost ietter des larmes
haranguant pour le peuple, voyez le pleurer maintenãt pour ses pechez. Ah! qu'il
estoit viuement touché quand leuant les
yeux au Ciel, il y voyoit Dieu assis en vn
Throsne d'où il iuge les Iustices, *sedisti
super Thronum qui iudicas Iustitiam*, &
non seulement il s'humilioit deuant
Dieu, mais deuant son Confesseur : aux
pieds duquel il pleuroit amerement ses
pechez. Que Dieu deuoit auoir ce sacri-
fice de larmes pour agreable, & que les
hommes se doiuent bien edifier de ceste
humilité! de voir celuy qui a fait trembler tant de monde par la pronontiation
de tant d'arrests auoir peur deuãt vn sim-
ple Religieux, & y receuoir l'Arrest de la
Penitence qu'il deuoit faire pour ses pechez. On a veu l'Empereur Theodose
humilié deuant sainct Ambroise, & receuoir de luy la penitence d'vne faute pu-
blique, auec tant soufmission qu'il en a
porté l'admiration dans les esprits de
tous ceux qui en ont eu la cognoissance.
Et pourquoy n'admirerons nous pas la
soufmission de nostre grand President,
qui

qui reçoit auec larmes la loy d'vn pauure Religieux, luy qui en matiere d'affaires publiques la faisoit à tant de personnes, & puis Theodose pouuoit bien
trembler deuant vn S. Ambroise : mais
les pleurs qui sortoient des yeux de nostre deffunt en la presence de son confesseur ne pouuoient venir que de son
humilité & contrition. Il est vray que
puis que l'image seule de S. Ambroise
estant presentee sur les murailles de Mi-
lan fit bien leuer le siege à l'Empereur
Conrard qui auoit auparauant iuré sa
ruine: la presence d'vn Confesseur qui
represëte la personne de Dieu, pouuoit
bien esmouuoir son cœur & en tirer les
souspirs qu'il a donné pour marque de
sa penitéce. Et c'est ce qui me fait croi-
re que Dieu luy aura pardonné ses fau-
tes, & qu'enfin comme par les merites
de sa Magistrature il s'est immortalisé
dans l'æuiternité, par les actiós de pieté
Chrestiëne qu'il a exercees, il se sera acquis la participation de l'eternité, &
ainsi vous voyez cóme pour auoir bien
fait dans la course du temps, il aura merité de paruenir à ces deux mesures su-
perieures.

F

Ælian: lib.
14. var. hist.

I'auray fait icy (Meſſieurs) commē
ce Peintre ancien auquel on comman-
da de repreſenter vn cheual coùché, &
ſe veautrant dans la pouſſiere, il fit
Sæpe pro rota
vtendum in-
genio.
tout au rebours, il le fit voir en haleine,
& courant de telle viſteſſe qu'a force
de gratter la terre du mouuement pre-
cipité de ſes jambes, il faiſoit leuer vne
nuée de pouſſiere dans laquelle il paroiſſoit à demy caché : celuy qui auoit
fait faire le tableau ne le vouloit point
receuoir, diſant qu'il auoit demandé
vn cheual couché non courant, Mon-
ſieur (repliqua le Peintre) renuerſez ſeu-
lement le tableau, & voſtre cheual y
paroiſtra en la poſture que vous le dé-
mandez, & au lieu qu'il eſt maintenant
en courſe, il ſemblera ſe veautrer dans
la pouſſiere. Ceſte Auguſte aſſemblée
demandoit-elle point de moy que ie fiſ-
ſe voir Monſeigneur de Verdun couché dans la poudre dè la terre? deuois
ie point prendre pour theme ces parolles ſorties d'vne bouche Royalle, *glo-
riam meam in puluerem deducam*, pouuois-
je m'ouurir vn plus beau champ pour
parler de la mort que d'enſeuelir dàns
la pouſſiere la gloire de ceſte caduque

vie, c'eſt là où ſe vont rendre toutes les
vanitez de nos eſperances. C'eſt là où
aboutiſſent toutes nos grandeurs, &
les vains honneurs de ce monde, les richeſſes & magnificences, tant de beau-
tez ou naturelles ou fardées, tant de
puiſſances & de triomphes, tant de
contentemens & reſiouiſſances , doiuent en fin s'aller precipiter dans la
poudre de la terre. Nous ne ſommes en
ceſte vie que comme deſſus vne mer
pleine d'orage, & noſtre barque, fut elle toute chargée d'or , & ancrée des
plus belles eſperances du monde, doit
eſchoüer en fin contre vn eſcueil de
cendre. Et ce pendant au lieu de repreſenter vn homme couché, ie l'ay fait
voir courant, *ſiue iniquitate cucurri & di-*
rexi. Ouy, il a ſi bien fait en la courſe du
temps, que ſes actions pleines de merite courront dans l'euiternité par les
oreilles de tous ceux qui entendront
volontiers parler de la vertu: Et ſa pieté luy fera moiſſonner dans le Ciel, les
lauriers de l'eternité, qui doiuent eſ-
cheoir par heritage à ceux qui comme
luy auront cooperé par leur auctorité
à l'aduancement & perfection du ſer-

uice de Dieu & de l'Eglise. Que si quel-
qu'vn ayme mieux le voir couché dans
la poussiere, il ne faut que renuerser le
tableau : mon discours luy fera voir
l'vn & l'autre, le narré de tant de belles
actions iustifie les plaintes & gemissemens que l'on peut faire pour sa mort.
Vous ne le verrez plus au Palais (Messieurs) sa chere espouse ne le verra plus
en sa Chambre. Ses amis ne le trouue-
ront plus en leur conuersation. Les
pauures ne le verront plus venir à leur
secours. Et ceste Eglise ne sera plus le
lieu des ferueurs de sa penitence. Et
ce sont les causes de nostre douleur.
Mais de donner tout à la mort, comme
si elle deuoit triompher, & de sa vie &
de nostre courage, ce seroit estre trop
ignorans, & de son bon heur, & de l'es-
perance que nous donne ceste magnifique Cour, de faire reuiure de ses cen-
dres des successeurs à ses charges & à
ses merites. Non, la mort ne se peut
vanter d'estre en possession de la premiere charge de ce beau corps? Voyla
autant de premiers Presidens dont les
merites & la pieté disputent auec nostre deffunt, la gloire de l'euiternité, &

de l'eternité qu'il possede.

Pauure Frãce! mais plustost, Frãce tousiours florissante, i'ay commécé par tes
plaintes, & ie finiray par ta consolation.
Consurge, excutere de puluere; cesse tes en-
nuis maintenant, & apres auoir rendu
les deuoirs de tes regrets à celuy auquel
tu as tant d'obligation, le considerant
dans la poussiere de la terre : Leue les
yeux au Ciel pour le voir en vne gloire
qui ne luy pourra iamais estre rauie par
la mort: Il est vray qu'vn petit caillou
tombant de la montagne a tout à faict
brisé ce grand colosse à la teste d'or &
aux autres membres d'argent & de cui-
ure, l'attaquant par des pieds de terre:
Ouy mais ce n'estoit qu'vne statuë: ceux
qui viuent comme des statuës auec des
testes d'or, c'est à dire qui ne sont pleines que du soin des richesses , perdans
tout à la mort, & se brisans contre le ro-
cher de la Iustice diuine qui condamne
leur auarice, doiuent estre pleurez auec
des larmes de sang: Mais nostre deffunt
n'a pas vescu en statuë, il est mort en
vertueux Chrestien, & viura eternelle-
ment en Ange. Que si tu crains que ta
gloire ne se diminuë en la perte que tu

faits auiourd'huy, *Leua in circuitu oculos tuos & vide, omnes isti congregati sunt venerunt tibi.* Voicy la resource de ton bonheur, ces seigneurs ne viuent que pour toy: Ce n'est que pour toy qu'ils'respirent. Il est vray qu'il est tombé vn grãd arbre de ce florissant iardin de France, *succidite arborem, & præcidite ramos eius, excutite folia eius.* Mais escoute les paroles qui te consolent. *Verumtamen germen radicum eius in terra sinite.* Cette terre en fera regermer d'autres. Elle est trop fertile pour manquer. Et pour moy, ie ne suis point de l'aduis de ceux qui croyét que tout est perdu quand la nature qui ne nous peut promettre que du changement met fin à la vie de ceux qui aussi bien ne pouuoient estre immortels en ce monde. Les arbres qui se despoüillét en Automne, se reparent au Printemps, les herbes qui meurent Hyuer, en Esté se rauigorét, & la nature en releue pour le moins autant qu'elle en abbat. Si tous les siecles passez ont eu dequoy se plaindre, ils ont aussi tous eu dequoy se loüer, & Dieu n'en a laissé pas vn qui ne t'aye veu pourueuë de grand personnages pour accroistre ta gloire. Et pour maintenant, tu ne peux esperer

que du bon-heur foubs vn fi iufte Roy,
appuyee que tu és fur tant d'excellens
hommes & grands efprits qui le côfeil-
lent auec vne prudence égale à la fidelité dont ils le feruent. De forte qu'encores que tu puiffe dire que le temps s'e-
ftant rendu ton ennemy t'aye rauy de
magnifiques perfonnages, neantmoins
Dieu t'en fufcite & fufcitera tous les
iours d'autres, qui, conferuant la memoire du deffunt (car le lendemain doit
toufiours du refte au iour de la fefte) ac-
querront comme luy en cette courfe
du temps la gloire felon les hommes en
l'æuiternité, & felon Dieu en l'Eternité.

Que fi ie vous deuois demander par-
don de quelque chofe à la fin de ce dif-
cours (Meffieurs) ce ne feroit pas de
n'auoir point pleuré parmy ceft atti-
rail de mort (les larmes euffent efté
trop difproportionnees à la grauité
d'vn fi magnifique auditoire) mais bié
de ce qu'ayãt tafché de fatisfaire à mon
defir d'y mefler vos louanges, ie n'auray rien dit qui ne foit de beaucoup in-
ferieur à vos merites. Ie ne vous y fçau-
rois auoir dõné d'affez beaux epitetes.
Et puifqu'Agefilaus à ceux qui luy par-

Vocauit aduerfum me tempus. Thren. 1.

Themiftocles contoit à ce propos aux Atheniens que la fefte refpõdit au lendemain qui la mefprifoit. Si ie n'auois efté où ferois-tu?

Plut. in fort. Rom.

ſoient de la grandeur du Roy de Perſe, reſpondit qu'il ne pouuoit eſtre plus grand que luy, s'il n'eſtoit plus iuſte, Rien ne paroiſtra iamais exceſſif au recit de voſtre grandeur, veu que rien ne ſe peut adiouſter à la perfection de voſtre Iuſtice, laquelle a rouſiours eſté ſi connaturelle aux François, que deſia du temps d'Hannibal les Dames Gau-loiſes furent eſtimées plus capables de l'exercer, que les hommes des autres Prouinces.

Plut. és vert. faitz des fem.

FIN.

Anagrammes François & Latins.

NICOLAS DE VERDVN.
DV CIEL AS L'HONNEVR.

NICOLAVS VERDVNIVS
HA NVLLI VIRO SECVNDVS.

NICOLAVS VIRDVNVS.
DIVVS, CLARVS IN VNO.

Io. Pol. R.C.D.